I am American, Soy Mexicana,

Soy Me

by Martha Alanis
illustrated by Jorge Luis Torrealba

A bilingual children's book

1010
PUBLISHING

www.1010Publishing.com

ISBN 978-1-7344504-0-8

Printed in the United States of America.

Dedication

I would like to dedicate this book to my:

- Apa, Hector M Alanis, for instilling hard work and perseverance and my Ama, Eva Rangel Alanis, whose memory is no more.
- Children, Hector, Rolando, Vanesa, my greatest accomplishments.
- Grandchildren, Nathen, Nicholas, Abraham, David, and Miranda, my loves.
- Gil, Lety, Rora, Cisco, Eva, Rachel, love you guys more than you'll ever know.
- Nieces and nephews, keep our family's story and culture alive.

Acknowledgement

I first want to thank God for guiding me through one of my dreams. Gabriel, who always supports my endeavors, all my brothers and sisters for walking down memory lane with me as I wrote Martina's story. In addition, my children, for all their encouragement and love. I also want to thank my best friend, Christina Bartolo, for reading all my drafts and advising me along the way. Last but not least, my childhood friend, Linda Sally, for gathering artifacts.

Preface

This book was a long time in the making. I was inspired to write my story so that people can appreciate the beauty and the struggles that immigrant families face. I hope that this book brings awareness of all that being bicultural entails. I also hope it brings comfort to all the children that have had similar experiences.

My name is Martina. I am a twin. When my twin and I were born, my family was already big. I was born in Aurora, Illinois. I lived in Aurora for the first five years of my life. I had two older sisters and two older brothers. After my youngest sister was born, it made seven sons and daughters for my hard-working parents.

Mi nombre es Martina. Soy gemela. Cuando mi gemela y yo nacimos, mi familia ya era grande. Nací en Aurora, Illinois, donde viví los primeros cinco años de mi vida. Tengo dos hermanas y dos hermanos mayores. Cuando mi hermana menor nació, nos convertimos en siete hijos para mis padres, quienes trabajaban muy fuerte.

When I turned five, I attended kindergarten at Oak Park Elementary. Oak Park was a large brick building with lots of windows. It had a playground with monkey bars. My teacher spoke English. I loved kindergarten! My fondest memory of that time was painting. I painted a big yellow flower with huge leaves. I was so proud of my artwork. I had never experienced painting before, and it brought me great joy. My teacher always said, "Good job!" and always encouraged me. My world at that time was full of color and excitement and I loved going to school. One day, I learned my father had a plan. My family would move to Mexico.

Cuando cumplí cinco, empecé a asistir el kinder en Oak Park Elementary. Oak Park era un gran edificio de ladrillos con muchas ventanas. Tenía un área de juegos con barras para colgarse. Mi maestra hablaba inglés. ¡Me encantaba el kinder! Mi mejor recuerdo de aquellos tiempos es pintar. Pinté una flor muy grande con unas hojas enormes, me sentía tan orgullosa de mi obra de arte. Nunca antes había pintado, y hacerlo me causaba una gran alegría. Mi maestra siempre decía, "¡Buen trabajo!" y me animaba. Mi mundo en ese entonces estaba lleno de color y regocijo. Y me encantaba ir a la escuela. Un día, supe que mi padre tenía un plan. Mi familia se mudaría a México.

We moved to La Villa de Santiago, Mexico. Even though things seemed different, some things were the same as in Illinois. My first impression was that I wasn't sure if I would be happy there. Everything looked different. The homes were made of cement and the landscape seemed to be unkept. The homes had bars on the windows and the bathrooms were outside. Even though the surroundings were different, my mom still cooked our favorite foods and our family was still together. Now, we even had more family! I went from having two other playmates to having countless cousins to play with. We went from having a blueberry bush to having lemon, orange, and avocado trees in our backyard. In La Villa, the streets not only had cars but also horses and horse carts. I thought that was cool except for the horse and donkey poop they left behind.

Nos mudamos a La Villa de Santiago, México. Aunque las cosas parecían diferentes, algunas eran iguales que en Illinois. Mi primera impresión fue que no estaba segura de que ahí sería feliz. Todo se miraba diferente. Las casas estaban hechas de cemento y los jardines parecían descuidados. Las casas tienen barras en las ventanas y los baños estaban afuera. Aunque los alrededores eran diferentes, mi mami todavía nos cocinaba nuestras comidas favoritas y nuestra familia estaba unida. Ahora, ¡ya hasta tenemos más familia! Pasé de tener dos compañeros de juego a tener innumerables primos con quienes jugar. Pasamos de tener un arbusto de arándanos, a tener árboles de limón, naranja y aguacates en el patio trasero. En Villa, las calles no solo tienen carros, sino también caballos y carretas. Pensé que era genial, excepto por la caca que dejaban los caballos y burros.

My younger sisters and I started parochial school and I was scared. School was different, but also the same as in Illinois. The classroom did not have paints and a play center. Instead, there were desks in rows and white walls. My teacher was a nun named Madre Cecilia, she taught me how to read and write in Spanish and showed me every day she was glad I was there. Students were called up to the front of the classroom to read aloud and get guidance from the teacher. I had knots in my stomach when it was my turn. I went up and sounded out the words, syllable by syllable. Some kids laughed at me because I didn't know the words. Madre Cecilia came to my rescue. She reminded me of my kindergarten teacher because she always encouraged me. If you were late to that parochial school, the doors were locked, and you couldn't attend for the day. If you were late to school in Illinois, you would go to the school office and get a pass to class. Students would march like soldiers to Mexico's national anthem and salute the flag every morning. At my old school, we recited the Pledge of Allegiance every morning in our class. School only lasted half a day, the rest of the day was mine to enjoy by climbing in trees and taking rides being pulled by the neighbor's ox.

Mis hermanas menores y yo comenzamos la escuela parroquial y estaba asustada. La escuela era diferente, pero a la avez parecida a Illinois. El salón de clase no tenía pinturas y un centro de juegos, en vez de eso, hay filas de escritorios y paredes blancas. Mi maestra era una monja llamada Madre Cecilia, ella me enseñó a leer y escribir en español, y todos los días me mostraba el gusto que sentía de yo estuviera ahí. A los estudiantes se les llama para que pasen al frente a leer en voz alta y así tener ayuda de la maestra. Sentía nudos en el estómago cuando fue mi turno. Pasé al frente y leí en voz alta las palabras, sílaba por sílaba. Algunos niños se rieron de mi porque no me sabía las palabras, pero la madre Cecilia llegó a rescatarme. Ella me recordaba a mi maestra de kinder porque siempre me daba ánimos. Si llegabas tarde a la escuela parroquial las puertas estaban cerradas, y no asistías ese día. En Illinois, si llegabas tarde a la escuela, ibas a la oficina para recoger un pase a tu salón. Los estudiantes marchan como soldados todas las mañanas durante el himno nacional y delante de la bandera. En mi antigua escuela recitábamos la promesa de lealtad todas las mañanas en nuestro salón. La escuela solo duraba medio día, el resto del día era mío para disfrutar, colgarme de los árboles y pasear en la carreta del vecino jalada por un buey.

Later, my parents thought it was a good idea to try regular public school. So, my siblings and I started at Escuela Primaria Leandro Marroquin. The school was a long rectangular building with one classroom per grade. The bathroom was located outside on the other side of a big dirt courtyard. My class had around 35 kids. If you left the classroom for any reason, you needed to wait by the door and ask the teacher for permission to re-enter the room. My maestra Trini, we called her by her first name, sometimes would walk to school with us. I thought that was very cool. Although she was friendly during our walks, she was very strict in the classroom. She had to be that way because she was teaching so many students. Lunchtime gave me a little break from the stresses of learning in a new language. Lonche was similar to Illinois yet very different. We still brought our lunches and ate with our friends. We didn't have a lunchroom. Instead, the enormous dirt courtyard was our lunchroom. People would stand at the school fence and sell gorditas, tacos, tortas, and my favorite, popcorn with a pickled jalapeño. Some parents brought their kids lonche, but they couldn't come inside the school, so they passed the lunch through the fence. School didn't seem fun to me anymore.

Más tarde, mis padres pensaron que sería buena idea que probara una escuela pública, así que mis hermanos y yo comenzamos a asistir a la Escuela Primaria Leandro Marroquín. La escuela era un edificio rectangular muy grande con un salón por grado. El baño estaba localizado afuera, del otro lado de un gran patio de tierra. Mi clase tenía cerca de 35 niños. Si salías del aula por alguna razón, necesitabas esperar en la puerta y pedir permiso a la maestra para entrar al salón nuevamente. Mi maestra Trini, la llamábamos por su primer nombre, a veces caminaba con nosotros a la escuela, eso era padre. Aunque se portaba amigable mientras caminábamos, ella era muy estricta en el salón. Tenía que ser así porque enseñaba a muchos estudiantes. La hora del almuerzo me daba un pequeño descanso del estrés de estar aprendiendo un nuevo idioma. El almuerzo era similar al de Illinois, aunque también muy diferente. Igual traíamos nuestros almuerzos y comíamos con nuestros amigos, pero no en el comedor. En vez de eso, el enorme patio de tierra era nuestro comedor. La gente se apostaba en la barda de la escuela y vendía gorditas, tacos, tortas y mi favorito, palomitas con chile jalapeño. Algunos padres traían almuerzo a sus hijos, pero no podían entrar a la escuela para dárselo, en vez de eso, pasaban los almuerzos a través de la barda. La escuela ya no me parecía divertida.

In Illinois, my family didn't have a pet. I had always wanted a dog, but my parents wouldn't allow me to have one. Jimmy and Christina, my next-door neighbors, had a Lassie dog. I always wanted one, but the answer was always no from my parents. In La Villa, we had a pet pig named Chacha. Chacha had piglets at one point. She was very protective of her piglets, but we thought they were great playthings. Their little pink snouts were the cutest things about them. They were so adorable. Because my twin sister Eva was my partner in crime, she would feed Chacha on the one side of the pen, so I could run in to grab a piglet on the other. Our little scheme did not always work because the piglets sometimes would follow their mama and squeal if I tried to pick them up. One day, I noticed that the piglets were gone. I asked my mom, "Where are the piglets?" She told me they were sold, which made me very sad.

En Illinois mi familia no tenía mascotas. Siempre quise un perro, pero no me dejaban mis papas. Mis vecinos de al lado, Jimmy y Cristina sí tenían un perro: Lasy. Siempre quise uno, pero la respuesta de mis padres siempre fue no. En Villa, teníamos una cerda a la que llamamos Chacha. Un día, Chacha tuvo cerditos. Era muy protectora de sus cerditos, pero nosotros pensábamos que eran grandes juguetes. Sus hociquitos rosados eran lo más lindas, eran adorables. Como mi hermana gemela Eva, era mi compañera en crimen, ella alimentaba a Chacha en un lado del corral para que yo pudiera correr a pescar un cerdito en el otro lado. No siempre funcionaba nuestra trampa porque los cochinitos a veces seguían a la mamá y se acurrucaban debajo de ella cuando queríamos agarrarlos. Un día me di cuenta de que los cerditos ya no estaban; le pregunté a mi mamá ¿dónde estaban los cerditos? Y me respondió que los habían vendido, eso me puso muy triste.

Once we finished first grade, I began to feel more comfortable living in Mexico. After all, I got to see my aunts, uncles and cousins more often. School had gotten a little easier, and I enjoyed the freedom of being allowed to play with all my new friends in the block. As soon as school ended, my father had yet another plan for the family—we would return to the United States. My first thought was, "I don't even speak English anymore! What would going home be like now?" We packed up the station wagon and headed back to the country I once called home. Leaving was sad, I cried quiet tears in the back of the station wagon as I thought about how much I would miss my family and friends.

Una vez que terminé el primer grado comencé a sentirme más cómoda viviendo en México. Después de todo, puedo ver a mis tías, tíos y primos más seguido. La escuela ya se me hacía más fácil y disfrutaba la libertad que se permita de jugar con mis amigos de la cuadra. En cuanto terminó el año, mi padre hizo nuevos planes para la familia—regresaríamos a Estados Unidos. Lo primero que pensé fue "¡ya ni siquiera hablo Inglés!" ¿cómo será el regresar a casa ahora? Subimos todo a la camioneta y regresamos al país que una vez llamé casa. Regresar fue triste, lloré en silencio en el asiento trasero de la camioneta pensando cuanto extrañaría a mi familia y amigos.

Upon arriving in Illinois, my family was faced with the hardship of finding a place to live. My father couldn't find a place to rent because we were a family of nine people and no one wanted to rent to that many people. We ended up staying in this old creepy-looking house on Adams Street. The windows were cracked, and some were broken, and we had no curtains. We had to sleep on the floor. Were we going to be homeless? I just wanted to go back home to Mexico. In my heart, I felt like we had left Mexico, my true home, where everyone looked like me and spoke the same language. Was Illinois going to be my permanent home? Or, would we be soon going back to our real home in Mexico?

Cuando llegamos a Illinois, mi familia se enfrentó con la dificultad de encontrar un lugar para vivir. Mi papá no podía encontrar un lugar para rentar porque éramos una familia de nueve personas y nadie quería rentarle a tanta gente. Terminamos quedándonos en una casa horrible en la Calle Adams. Unas ventanas estaban rotas, otras quebradas, y no había cortinas. Tuvimos que dormir en el suelo. ¿Nos quedaríamos sin hogar? Yo solo quería regresarme a México. En mi corazón sentía que habíamos dejado México, mi verdadero hogar, donde todos se miran como yo y hablan el mismo idioma, ¿Illinois sería nuestro hogar permanente? O ¿pronto nos regresaríamos a nuestro hogar verdadero, México?

Finally, a man who my father called "el plomero", rented us a house on Morgan Street. My father ended up buying that house. It was very different from my house in Mexico. The house on Morgan Street was white, two stories tall, and with two bathrooms and a basement. I had never lived in a house that had a basement or two bathrooms. I missed my one-story green cement house in La Villa, even if the one bathroom was outside.

Finalmente, un hombre a quien mi papá le decía "el plomero" nos rentó una casa en la Calle Morgan. Mi padre terminó comprando esta casa, que era muy diferente a mi casa en México. La casa en la calle Morgan era blanca, de dos pisos, dos baños y un sótano. Nunca había vivido en una casa con sótano y dos baños. Extrañaba mi casa de cemento y un solo piso en Villa, no importa que el baño estuviera afuera.

The house on Morgan Street was really dilapidated. It had broken windows, some of the walls were falling down, and it smelled of bad pet odor. Having a large family started off as a disadvantage in the United States, but it turned out to be an advantage. When there was a lot of hard work to do, all nine of us pulled together and worked hard. With my father's guidance, we made the house on Morgan Street a home in a short time. Maybe the United States would be my permanent home.

La casa en la Calle Morgan estaba realmente dilapidada. Tenía ventanas rotas, algunas de las paredes se estaban cayendo y tenía un mal olor como de animales. Tener una familia numerosa comenzó como una desventaja en los Estados Unidos, pero resulto ser una ventaja. Cuando había mucho trabajo que hacer nos juntábamos los nueve a hacerlo y trabajábamos duro. Con la guía de nuestro padre hicimos de la casa en la Calle Morgan un hogar en poco tiempo. Quizás, después de todo, los Estados Unidos será nuestro hogar permanente.

Now, it was time to start second grade in the United States. Greely Elementary was my new school. I had difficulty understanding everything. I felt scared because no one looked like me or spoke Spanish. My teacher, Ms. Brealove, was a kind, older lady. Most of the kids in my class were nice, but some weren't. Those kids made fun of me because I didn't understand English. I found that school was difficult because I couldn't read. I was experiencing the same stress that I felt at my last school when I couldn't read Spanish. The worst thing was that no one at home could help with my homework. My parents didn't speak, read, or write English, and my older siblings were always working and too busy to help me. Some teachers tried to help me, but I really didn't understand them. I bet if they had explained it to me in Spanish I would have understood.

Ahora, es tiempo de comenzar el segundo grado en los Estados Unidos. Greely Elementary fue mi nueva escuela. Tenía dificultad entendiendo todo, me sentía temerosa porque nadie se miraba como yo o hablaban español. Mi maestra, la Srta. Brealove, era una mujer mayor, muy amable. La mayoría de los niños eran agradables, pero algunos no. Ellos se burlaban de mi porque no entendía inglés. Me di cuenta de que la escuela se me hacía difícil porque no podía leer. Estaba experimentando el mismo estrés que sentí en mi última escuela cuando no podía leer en español. Lo peor era que nadie podía ayudarme en casa con mis tareas. Mis padres, no hablaban, leían, o escribían en inglés, y mis hermanos mayores estaban siempre trabajando y muy ocupados para ayudarme. Algunos maestros trataron de ayudarme, pero no les entendía. Apuesto que si me lo hubieran explicado en español lo hubiera entendido.

As time went by and I learned English, school didn't seem as difficult. I remember the first book I learned to read was The Little Red Hen. Ms. Maxwell, the teacher who taught me to read, said I was such a good reader that in our class play, I would play the part of the Little Red Hen. They were going to invite parents to come watch the play. I waited anxiously for my mother to come home from work so that I could tell her about the play. But my mom said she really didn't want to go because she didn't understand anyone at the school, and she was embarrassed. I begged her to come see me. I told her I would interpret, so she agreed.

Con el tiempo, aprendí inglés y la escuela fue menos difícil. Recuerdo que el primer libro que aprendí a leer fue "The Little Red Hen" ("La gallinita roja"). La Srta. Maxwell, la maestra que me enseñó a leer, decía que como era tan buena lectora interpretaría a la gallinita roja en la obra de teatro de la clase. Invitarían a los padres a mirar la obra. Esperé ansiosa a que mi mamá llegara a casa del trabajo para decirle de la obra. Pero mi mamá dijo que en realidad no quería ir porque no entendía a nadie en la escuela y se sentía avergonzada. Yo le rogué para que viniera a verme, le dije que yo la ayudaría con el inglés (interpretaría para ella), así que aceptó.

Interpreting became part of my contribution to my family. I would get nervous doing it because I sometimes didn't know how to interpret a word, and I didn't want to disappoint my parents. Growing up, my parents worked all the time. My older brother Gilbert was like my father. I thought he was cool because he rode a motorcycle and had a tattoo. My oldest sister Leticia was my role model. I wanted to be like her. I wanted to have a car, wear high heels and make-up. She had a full-time job, so my sister Aurora ran the household. Aurora, like many older girls in Mexican households, lovingly took care of our daily needs. Cisco was the first in the family to graduate from high school. I wanted to be like my brother and graduate from high school. My parents were so proud of him! Eva, my twin, was my partner in crime, and we were always together. My little sister Rachel always would tag along with us everywhere we went. Of course, we didn't stray far because we were not allowed to leave the yard. I didn't understand because, in Mexico, we got to play soccer in the middle of the street. We even could stay up late with our cousins, telling stories in the streets about La Llorona. Even though my parents were away at work a lot, I had very clear rules on how I should behave. I made sure I obeyed because I didn't want the chancla coming after me.

Interpretar se volvió parte de mi contribución a mi familia. Me ponía nerviosa al hacerlo porque a veces no sabía como interpretar una palabra y no quería desilusionar a mis padres. Cuando era chica, mis padres trabajaban todo el tiempo y mi hermano Gilbert era como mi padre. Yo pensaba que él era genial porque manejaba una motocicleta y tenía un tatuaje. Mi hermana Leticia era mi modelo a seguir, yo quería ser como ella. Quería tener un carro, usar tacones y maquillaje. Ella tenía un trabajo de tiempo completo, así es que mi hermana Aurora llevaba la casa. Aurora, como muchas otras hermanas mayores en los hogares mexicanos, amorosamente cuidaba de nuestras necesidades diarias. Mi hermano Cisco es el primero de la familia en terminar su preparatoria. Yo quiero ser como mi hermano Cisco y terminar mi preparatoria. ¡Mis padres estaban tan orgullosos de él! Eva, mi gemela, era mi cómplice y siempre estábamos juntas. Mi hermanita Raquel siempre se pegaba a nosotros a donde quiera que fuéramos. Por supuesto, no nos alejábamos porque no teníamos permiso de ir más allá del jardín. No lo entendía, porque en México jugábamos fútbol a media calle. Hasta nos podíamos quedar hasta tarde con nuestros primos, contando historias sobre La Llorona en la calle. Aunque mis padres siempre estaban trabajando tenía las reglas de comportamiento bien claras, y me aseguraba de obedecerlas porque no quería enfrentarme con la chancla voladora.

Starting with nothing in a new country was very difficult, but my family stuck close together and made it work. My father was the glue that held my family together. He thought that together we could accomplish anything. He believed in working hard and never getting anything for free. He understood that coming to America was an opportunity that shouldn't be wasted. So, he taught us all to work hard and be productive citizens. My father decided that Peoria, Illinois, was going to be our permanent home. We made yearly visits to Monterrey, Mexico. It was always so exciting to load up the station wagon and make that 1,200-mile trip to visit family who anxiously awaited to see us and vice versa. Although we now live far away, my family and my Mexico family are very close to my heart.

Comenzar sin nada en un país extraño era muy difícil, pero mi familia se mantuvo junta y así hicimos que funcionara. Mi papá era el pegamento que mantenía a la familia unida. Él pensaba que unidos en familia todo se puede lograr. Él creía en el trabajo duro y nunca tomar nada gratis. Él entendió que venir a América era una oportunidad que no podíamos desperdiciar. Así que nos enseñó a todos a trabajar duro y ser unos ciudadanos productivos. Mi padre decidió que Peoria, Illinois seria nuestra residencia permanente. Hacíamos visitas cada año a Monterrey, México. Siempre era emocionante cargar la camioneta y hacer el viaje de 1,200 millas para visitar a la familia que con ansias siempre esperaba vernos y viceversa. Aunque vivimos lejos, mi familia y mi familia en México están muy cerca en mi corazón.

Author

Martha Alanis currently lives in Georgia, where she has been a teacher for many years. She is a mother, grandmother, educator, and author. She has dedicated over twenty years as an ESL teacher, focusing on reading and writing skills. Her inspiration for writing her first book, "I am American, Soy Mexicana, Soy Me" was to help increase relevant stories for Latino, and especially Mexican children. Martha knows her story is not unique, as she has spoken with many people who were born in the USA and migrated back to Mexico at some time in their lives.

Martha has received several recognition awards as a teacher, such as Teacher of the Year and Georgia's Bilingual Educator of the Year.

You can connect with Martha on social media Instagram @marthaalanised.s;

Facebook @marthalanis; Twitter @luvalanis and

visit her webpage **www.marthaalanis.com**

You can also write to Martha via 1010PublishingUS@gmail.com